Aktuelle Trends in der Hotellerie und im Tourismus

Saskia Kusterer

Bibliografische Information der Deutschen Nationalbibliothek:

Die Deutsche Nationalbibliothek verzeichnet diese Publikation in der Deutschen Nationalbibliografie; detaillierte bibliografische Daten sind im Internet über http://dnb.d-nb.de abrufbar.

ISBN: 9783346520234
Dieses Buch ist auch als E-Book erhältlich.

Einsendeaufgaben

Alternative A

SRH Fernhochschule Riedlingen

Online eingereicht am 04. Mai 2021

Modul: Aktuelle Trends in Hotellerie und Tourismus
Studiengang: Hotel- und Tourismusmanagement (B. A.)

Von:
Saskia Kusterer

Inhaltsverzeichnis

Abkürzungsverzeichnis

bzw.	beziehungsweise
EGO	Europäische Geschichte Online
Hrsg.	Herausgeber
IEG	Institut für Europäische Geschichte
IuK	Informations- und Kommunikation (-Technologien)
KdF	Kraft durch Freude
s.	siehe
Vgl.	Vergleich
z. B.	zum Beispiel

Abbildungsverzeichnis

Tabellenverzeichnis

Aufgabe A1 – Die Bedeutung der Trendforschung für den Tourismus

Technische, ökologische, gesellschaftliche und politische Entwicklungen beeinflussen ebenso wie der demografische Wandel die touristische Nachfrage.[1] Diese Entwicklungen haben im vergangenen Jahrhundert immer mehr Menschen die Möglichkeit eröffnet zu reisen. Touristische Reisen sind so für viele zu einem festen und wichtigen Bestandteil ihres Lebens geworden. Mit der gestiegenen Anzahl an Reisenden hat sich auch die wirtschaftliche Relevanz des Tourismus erhöht. Dadurch kommt es zu einem größeren Wettbewerb zwischen den immer mehr werdenden neuen Destinationen auf der ganzen Welt. Gesellschaftliche Entwicklungen spiegeln sich wiederum auf der Seite der Nachfrager im Tourismus wieder.[2] Die Tourismusindustrie steht damit vor den Herausforderungen einer zunehmenden Schnelllebigkeit und einem wachsenden Wettbewerbsdruck.[3] Als Teil der Gesellschaft verändert sich der Tourismus immer mit und muss sich so ständig Anpassen. Trends und gesellschaftliche Strukturen, wie etwa ein sich wandelndes Freizeitverhalten oder wirtschaftlicher Strukturwandel und technologische Innovationen üben Einfluss auf die Tourismusbranche aus, indem sie Reiseverhalten und -motive beeinflussen. Nur durch eine kontinuierliche Anpassung ihrer Angebote kann die Branche ihre Wachstumschancen sichern. Bei der Gestaltung eines innovativen und zukunftsfähigen Tourismus ist es daher besonders wichtig, relevante Entwicklungstrends rechtzeitig zu erkennen und zu analysieren.[4]

1.1 Der Trendbegriff

Der Begriff des Trends findet seinen Ursprung in der Statistik, wo er als eine Komponente innerhalb einer Zeitreihe beschrieben wird, deren Wirkung als evolutionär, längerfristig und nachhaltig angenommen wird. Bei Trends handelt es sich demnach um „die grundsätzliche Richtung einer Entwicklung (...), von der eine gewisse Konstanz und Nachhaltigkeit angenommen werden kann".[5] Dabei hat ein Trend immer einen nachhaltigen Einfluss auf die Gesellschaft, Kultur oder die betreffende Branche, wodurch er also auch langfristig von Bedeutung ist. Allerdings werden durch Trends keine

---

[1] Vgl. von Rohr (2008), S. 18.
[2] Vgl. Eisenstein (2020), S. 1.
[3] Vgl. Boksberger/Schuckert (2011), S. 5.
[4] Vgl. Petermann/Revermann/Scherz (2019), S. 19.
[5] Pradel/Aretz (2008), S. 230.

zukünftigen Entwicklungen beschrieben, sondern nur aktuelle Gegebenheiten.[6] Die Nutzung des Trendbegriffs ist sehr vielfältig, weshalb auch die Definition von Trends als Wandlungsprozesse oder Veränderungsbewegungen möglich ist. Trends finden sich innerhalb der Gesellschaft, Politik oder auch Ökonomie.[7]

1.2 Die verschiedenen Trendarten

Es lassen sich verschiedene Trendarten unterscheiden, wobei diese anhand ihrer Trendtiefe, -breite und -wirkung kategorisiert werden können. Anhand einer Trendhierarchie lassen sich die einzelnen Trendarten, wozu Metatrends, Megatrends, soziokulturelle Trends, Branchen- und Konsumtrends sowie Mode zählen, übersichtlich darstellen (s. Abbildung 1.).

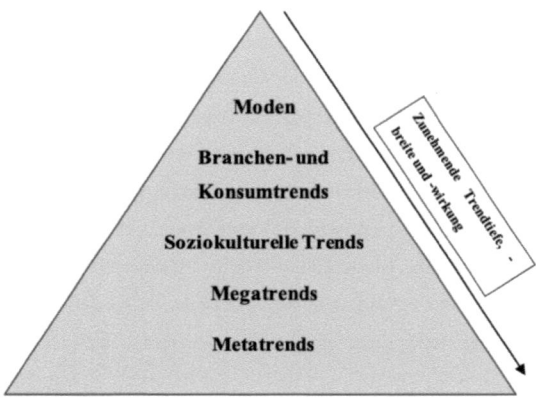

Abbildung 1: Trendhierarchie

(Quelle: Eigene Darstellung in Anlehnung an Duncker/Schütte (2018), S. 8)

Trends, die besonders langfristig und tiefgreifend sind, werden als **Metatrends** bezeichnet. Als Basis der Trendhierarchie stellen sie eine grundlegende und gesellschaftsübergreifende Entwicklung dar, die einen sehr breiten Wirkungskreis hat.[8] Tiefgreifende und grundlegende Veränderungen bilden dabei die Basis der Metatrends.[9] Die restlichen Trendarten lassen sich in die Basis der Metatrends eingliedern. Obwohl sie

---

[6] Vgl. Duncker/Schütte (2018), S. 5.
[7] Vgl. Raich (2014), S. 11.
[8] Vgl. Dunckert/Schütte (2018), S. 8.
[9] Vgl. Pradel/Aretz (2008), S. 230.

in der Trendhierarchie nicht die Basis bilden, werden **Megatrends** dennoch auch als „Basistrends" bezeichnet, da sie besonders große Auswirkungen hervorrufen. Die Wirkungsdauer von Megatrends ist mittel- bis langfristig und beläuft sich auf etwa 50 Jahren, wenn alle Entwicklungsstufen durchlaufen werden.[10] Veränderungen in Konjunktur, Ökonomie, Werthaltungen und Technologie werden durch Megatrends aufgezeigt, wobei solche Trends auch in andere Lebensbereiche überstrahlen. Als Beispiele können die Globalisierung, Individualisierung oder auch der demografische Wandel genannt werden. Sowohl Mega- als auch Metatrends zählen somit zu den langfristigen Trends, wobei Metatrends oftmals sogar Jahrhunderte überdauern.[11] Solche langfristigen Trends lassen sich anhand von drei Kategorien unterscheiden, welche sich untereinander beeinflussen können. Jede der Kategorien thematisiert dabei einen anderen Bereich. Thematisiert werden so die folgenden drei Bereiche: der gesellschaftliche Wandel sowie das Kundenverhalten, innovative Technologien oder Verfahren und innovative Marketing- und Managementansätze. Auf der nächsten Stufe der Trendhierarchie finden sich die soziokulturellen Trends, die zu den mittelfristigen Trends zählen und eine vollständige Sättigung nach zehn bis 20 Jahren erreichen. Entwicklungen auf sozialer Ebene der Gesellschaft, wie etwa Veränderungen von Lebensgefühlen oder Wertewelten, werden mithilfe der soziokulturellen Trends beschrieben. Solche Trends haben Auswirkungen auf Konsum- und Produktwelten aus, wozu der Wohnraum, die Ernährung oder auch die Lebensgestaltungen gehören. Die besonderen kurzlebigen Trends, **Branchen- und Konsumtrends** sowie **Moden** finden sich an oberster Stelle der Hierarchie. Diese üben keinen besonderen Einfluss aus und sind aus den bereits genannten Trendarten abgeleitet.[12] Der Wirkungszeitraum solcher Trends liegt bei maximal fünf Jahren. Gerade Modetrends bestehen häufig aus der „Neuverknüpfung" von Bestehendem und drücken so den stetigen Wandel aus.[13]

1.3 Die Trendforschung

Die Trendforschung ist eng mit der Zukunftsforschung verbunden.[14] Bei der Trendforschung geht es im Allgemeinen darum, „Informationen aufzuspüren, die Hinweise über neue Entwicklungsrichtungen liefern, diese auf ihre Gültigkeit zu

---

[10] Vgl. Duncker/Schütte (2018), S. 8f.
[11] Vgl. Pradel/Aretz (2008), S. 230f.
[12] Vgl. Duncker/Schütte (2018), S. 9.
[13] Vgl. Pradel/Aretz (2008), S. 231f.
[14] Vgl. Zukunftsinstitut (o. J.), https://www.zukunftsinstitut.de/.

beurteilen, ihre Entwicklung zu verfolgen und deren Akzeptanz bei verschiedenen Zielgruppen und die Bedeutung für ein spezifisches Unternehmen abzuschätzen".[15] Die daraus resultierenden möglichen mittel- und langfristigen Auswirkungen solcher Trends sind dann Gegenstand der Zukunftsforschung.[16] Aufgabe der Trendforschung ist es somit, die Gründe für das Auftreten von Trends sowie den Zeitpunkt, Ort und ihre Erscheinungsform zu beantworten.[17] Durch die Ableitung dieser prognostischen Aussagen verfolgt die Trendforschung das Ziel, Erkenntnis- und Handlungsempfehlungen zu gewinnen.[18] Die Suche bzw. Identifikation von „schwachen Signalen", welche sich in soziokulturellen Veränderungen zeigen, ist dabei Bestandteil der Trendforschung. Solche Signale geben Hinweise auf neue Dinge, welche sich im weiteren Verlauf zum Trend entwickeln können.[19] Trendforscher können zur Identifikation, Analyse und Erklärung von Trends verschiedene Instrumente zur Hilfe nehmen.[20] Solche Methoden lassen sich unterscheiden in quantitative Verfahren (Informationen werden standardisiert erfasst, z. B. durch einen Fragebogen) und qualitative Verfahren (bieten eine größere Offenheit und Flexibilität durch qualitative Interviews oder Gruppendiskussionen).[21] Zu den quantitativen Verfahren gehört z. B. die Trendextrapolation, bei der historische Daten für die Ableitung von zukünftigen Entwicklungslinien genutzt werden. Ein qualitatives Verfahren hingegen wäre z. B. das Scouting, bei dem Veränderungen direkt vor Ort von Szenekundschaftern beobachtet werden.[22]

1.4 Bedeutung der Trendforschung für den Tourismus – Chancen und Risiken

Der Tourismus gilt bereits seit den 1950er- und 1960er-Jahren als Wachstumsbranche aufgrund des zu dieser Zeit erkennbaren permanenten Anstiegs der Reisenachfrage. Mit den Jahren zeigte sich der immer größer werdende Wettbewerb innerhalb der Branche, woraufhin der Fokus vermehrt auf die Zukunftsforschung gelegt und über die Zukunft des Reisens diskutiert wurde. Reisetrends der nächsten fünf bis zehn Jahre sollten mithilfe

---

[15] Pradel/Aretz (2008), S. 237.
[16] Vgl. Zukunftsinstitut (o. J.), https://www.zukunftsinstitut.de/.
[17] Vgl. Duncker/Schütte (2018), S. 5.
[18] Vgl. Bieger/Laesser (2009), S. 13.
[19] Vgl. Pradel/Aretz (2008), S. 237.
[20] Vgl. Duncker/Schütte (2018), S. 10.
[21] Vgl. Prader/Aretz (2008), S. 238f.
[22] Vgl. Bieger/Laesser (2009), S. 14 – 16.

von Daten aus Gegenwart und Vergangenheit bestimmt werden. Gleichzeitig wurde ein größerer Augenmerk auf schwerwiegende gesellschaftliche Veränderungen gelegt, da solche Megatrends einen noch weiteren Blick in die Zukunft erlauben. Entwicklungen wie technische Innovationen, wirtschaftlicher Strukturwandel, die Veränderung der Sozial- und Altersstruktur oder auch ein sich wandelndes Freizeitverhalten sorgen auch für eine Veränderung des Tourismus, da dieser ein Teil der Gesellschaft ist. Im Zuge dessen ergeben sich Konsequenzen für die Tourismusbranche, die sich unter anderem in einem geänderten Reiseverhalten und veränderten Reisemotiven widerspiegeln.[23] So sorgen in etwa Megatrends wie die Globalisierung oder auch die Internationalisierung dafür, dass es zu politischen, ökonomischen, wirtschaftlichen, technologischen oder auch gesellschaftlichen Entwicklungen kommt. Für die Tourismusbranche sind dabei insbesondere die Auswirkungen auf das Angebot und Nachfrageverhalten von Reisenden entscheidend.[24] Aufgrund ihrer Dynamik erfindet sich die Branche durch Trends immer wieder neu.[25] Touristische Akteure müssen so ihr Angebot und auch ihre Vertriebs- und Kommunikationsinstrumente stetig an die veränderten Bedürfnisse der Kunden anpassen. Unterstützt werden sie hierbei von der Trendforschung, die dabei hilft, dass die touristischen Akteure auf dem globalen Markt dauerhaft bestehen können.[26] Aufgrund der großen Lebenszeiten von Innovationen im Tourismus, gewinnt die Trendforschung hier zusätzlich an Bedeutung. So müssen etwa die Abschreibungen von Investitionen im Bereich von Hotels, Attraktionen oder auch Verkehrserschließungen oftmals über mehrere Generationen hinweg erfolgen.[27] Finanzielle Verluste oder auch eine geminderte Wettbewerbsfähigkeit können die Folgen von Fehlentscheidungen sein. Die Trendforschung sorgt an dieser Stelle dafür, dass touristische Akteure zukunftsorientierte und gewinnbringende Entscheidungen treffen können.[28] Die Trendforschung liefert touristischen Betrieben Informationen, durch die diese ihr Angebot entsprechend gestalten können, um so ihre Kunden zufriedenzustellen. Sie bietet demnach eine Grundlage für Entscheidungen bezüglich Investitionen und Angebotsgestaltung.[29] Hierzu ist es wichtig, dass sich der touristische Betrieb im Rahmen der Trendforschung mit verschiedenen Frage- und Aufgabenstellungen auseinandersetzt. So sollten z. B.

---

[23] Vgl. Augsbach (2020), S. 9.
[24] Vgl. Thilo (2017), S. 103.
[25] Vgl. Winkelmann (2019), S. 101.
[26] Vgl. Raich (2014), S. 17.
[27] Vgl. Bieger/Laesser (2009), S. 14.
[28] Vgl. Raich (2014), S. 17.
[29] Vgl. Raich (2014), S. 15.

mögliche „Triebkräfte" am Markt und schwache Signale, die auf Veränderungen in den kommenden Jahren hinweisen, identifiziert werden. Des Weiteren gilt es, sich mit den veränderten Bedürfnissen und Erwartungen der Zielgruppe sowie den Kernkompetenzen des eigenen Unternehmens auseinanderzusetzen. Auch die Fragestellung, welche Ansatzpunkte sich für die zukünftige Ausrichtung des Angebots finden lassen, gilt es zu beantworten.[30] Grundsätzlich ist es wichtig, diejenigen dominanten Trends oder auch schleichenden Entwicklungen im Rahmen der Trendidentifikation auszumachen, die für das eigene Unternehmen relevant sind. *Wicker* beschreibt den Nutzen der Trendforschung in diesem Zusammenhang sehr gut: „Das Wissen aus Verflechtungen der verschiedenen Bereiche, die sich in Trends widerspiegeln, spielen für die Entwicklung der Nachfrage, der damit verbundenen Absatzmenge und der Erwartung zukünftiger Preise eine wichtige Rolle."[31] Sofern Trends frühzeitig erkannt werden, ermöglichen sie umso mehr Handlungsspielräume. Wird ein Trend jedoch erst zu spät erkannt, müssen die unbemerkten oder nur schwach bemerkten Entwicklungen wieder ausgeglichen werden. Dies ist mit umso höheren Kosten verbunden, desto später ein solcher Trend erkannt wird.[32] Die Trendforschung bringt somit einige Chancen für den Tourismus mit sich, wie etwa Wettbewerbsvorteile am Markt, die sich durch die gewonnen Erkenntnisse realisieren lassen.[33] Ebenso können Kosten reduziert, Ressourcen richtig eingesetzt und Handlungsspielräume eröffnet werden.[34] Allerdings gibt es auch viel Kritik bezüglich der Trendforschung. Entwicklungsgeschwindigkeiten und Validitäten von Trends lassen sich nur schwer einschätzen, da viele verschiedenen Faktoren Einfluss ausüben. Aus diesem Grund kommt es häufig vor, dass Trends falsch eingeschätzt werden und damit überbewertet oder auch ignoriert und übersehen werden.[35] Trendforschern wird oftmals auch vorgeworfen, dass einige ihrer Erkenntnisse einen eher trivialen Charakter haben, sodass Ergebnisse unnötig aufgebauscht werden. Gleichzeitig stellen Kritiker die Seriosität von Trendforschern oftmals infrage, da sie die gewählten Methoden nicht als wissenschaftlich relevant ansehen. Auch die oftmals kommerzielle Orientierung und publizistische Konstruktion von Trends ist ein oft genannter Kritikpunkt im Zuge der Trendforschung.[36]

---

[30] Vgl. Prader/Aretz (2008), S. 240.
[31] Wicker (2010), S. 16.
[32] Vgl. Wicker (2010), S. 17.
[33] Vgl. Prader/Aretz (2008), S. 229.
[34] Vgl. Raich (2014), S. 16.
[35] Vgl. Duncker/Schütte (2018), S. 15.
[36] Vgl. Pfadenhauer (2004), S. 5 – 7.

Aufgabe A2 – Verstärkter Wettbewerb im Tourismus

Veränderte Märkte und sich dynamisch wandelnde Umweltfaktoren sorgen für einen zunehmenden Wettbewerbsdruck zwischen Destinationen. Seit den 1990er-Jahren kommt es zu einer zunehmenden Freizeitorientierung, sodass sich mit der Zeit auch das Urlaubsverhalten und die Bedürfnisse der Menschen veränderten.[37] Insbesondere die Globalisierung ist verantwortlich für eine grundlegende Veränderung des touristischen Wettbewerbs.[38] Es gibt mehrere Faktoren, die dazu führen, dass sich der Wettbewerb im Tourismus verstärkt. Zu diesen gehören gesättigte Märkte, eine gestiegene Markttransparenz, verbesserte Mobilität, der Abbau von Handels- und Marktbarrieren sowie neue Anbieter und Angebotsmodelle.[39] Im Folgenden soll nun auf diese Entwicklungen eingegangen werden.

2.1 Gesättigte Märkte

In den 1960er-Jahren wandelten sich Märkte langsam von Verkäufer- zu Käufermärkten.[40] Verkäufermärkte zeichnen sich dadurch aus, dass die Nachfrage größer ist als das vorhandene Angebot. Im Gegensatz dazu handelt es sich um einen Käufermarkt, wenn das Angebot größer ist als die Nachfrage.[41] Anfangs gab es so noch überwiegend ungesättigte Märkte, da eine ausreichende Nachfrage vorhanden war. Jedoch stieg in Folge von Produktionssteigerungen immer mehr die Anzahl der gesättigten Märkte.[42] Verbraucher können nun zwischen unzähligen Anbietern und Marken wählen, wodurch sie die Entwicklung eines Marktes als Käufer wesentlich bestimmen.[43] „In gesättigten Märkten ändern sich die Marktmechanismen grundlegend. Aufgrund des vorherrschenden Überangebots wird die Nachfragemacht zum dominierenden Faktor. Strategien, die früher erfolgreich waren, führen nun schnell in das wirtschaftliche Abseits. Nur wer diese Änderungen in seinem Marktsegment erkennt und den erforderlichen Paradigmenwechsel im Unternehmen durchsetzt sowie seine Innovationssteuerung auf die geänderten Anforderungen anpasst, kann profitables Wachstum generieren."[44] Durch die regelrechte „Überflutung" von Angeboten, gerade

---

[37] Vgl. Thilo (2017), S. 1.
[38] Vgl. Romer/Boksberger (2011), S. 213.
[39] Vgl. Raich (2015a), S. 22.
[40] Vgl. Bruhn (2019), S. 16.
[41] Vgl. Freyer (2015), S. 381.
[42] Vgl. Nieschlag/Dichtl/Hörschgen (2002) S. 3.
[43] Vgl. Weiskopf 2017), https://www.cmf.de/.
[44] Pleissner (2007), https://managementportal.de/.

auch auf dem touristischen Markt, werden die einzelnen Waren und Dienstleistungen oftmals vom Kunden als austauschbar wahrgenommen. Hinzu kommt eine zunehmende Komplexität und Dynamik der Märkte, weshalb eine permanente Anpassung und Aufmerksamkeit verlangt wird.[45] Ebenso führt die Professionalisierung des Destinationsmanagements und -marketings dazu, dass sich auch kleine Orte und Regionen auf den Markt drängen, um in der Fülle von Tourismus- und Freizeitaktivitäten wahrgenommen zu werden.[46] Es kommt somit in gesättigten Märkten zu einem starken Verdrängungswettbewerb.[47] Der Tourismus steht so wie auch andere gesättigte Märkte vor den Herausforderungen von niedrigen Wachstumsraten, einem hohen Preisdruck, die Notwendigkeit zur Suche nach Nischen und viele Wettbewerber in den einzelnen Kategorien.[48]

2.2 Gestiegene Markttransparenz

Wenn Anbietern und Nachfragern alle Gegebenheiten eines Marktes bekannt sind, spricht man von Markttransparenz.[49] Markttransparenz bedeutet somit, dass den Wirtschaftssubjekten alle wesentlichen Informationen, die das Marktgeschehen betreffen, bekannt sind. Hierzu gehört insbesondere die Preisbildung.[50] Mit dem Internet, welches ab Mitte der 1990er-Jahre vermehrt den Tourismus prägte, entstanden sowohl im Geschäftsbereich als auch für private Nutzer neue Wege und Möglichkeiten. Reisende nutzten von dort an die Möglichkeit, mithilfe eines Computers im Internet auf die Suche nach Angeboten zu gehen. Gleichzeitig präsentierten sich auch immer mehr Anbieter durch eigene Webseiten im Netz, um so ihre Angebote und Dienstleistungen anzubieten und zu verkaufen. Die Informations-, Kauf-, Kommunikations- und Vertriebsfunktion sind wichtige Funktionen, die das Internet aus tourismuswirtschaftlicher Sicht erfüllt. Die technologische Entwicklung des Internets sorgt so für eine gestiegene Markttransparenz. So kann die Kaufabwicklung direkt online erfolgen und Beratungsleistungen können über das Internet angeboten werden. Für den Kunden eröffnet sich die Möglichkeit, zahlreiche Informationen über verschiedene touristische Anbieter und auch deren Leistungen einzuholen. Es kam zu einer strukturellen Veränderung der Tourismuswirtschaft, indem neue Online-Anbieter entstanden, die neben die bisherigen traditionellen

---

[45] Vgl. Henke (2015), S. 10.
[46] Vgl. Thilo (2017), S. 1.
[47] Vgl. Marzinzik (2011), S. 8.
[48] Vgl. Horbel (2008), S. 1.
[49] Vgl. bpb (2016), https://www.bpb.de/.
[50] Vgl. Piekenbrock (2018), https://wirtschaftslexikon.gabler.de/.

Tourismusanbieter traten oder diese sogar teilweise ersetzten.[51] Gerade bei attraktiven Destinationen findet sich eine Vielzahl von vergleichbaren Dienstleistern, die der Kunde miteinander vergleichen kann, wodurch es zu einer verschärften Wettbewerbssituation kommt.[52] Kundenbindung und die emotionale Wirkung von Marken gewinnt so durch die gestiegene Markttransparenz immer mehr an Relevanz für Unternehmen.[53]

2.3 Verbesserte Mobilität

Die Bedürfnisse und das Urlaubsverhalten der Menschen ändern sich ständig. Dabei trägt die verbesserte Mobilität dazu bei, dass es Reisende in immer neue Reiseziele zieht.[54] Dadurch entsteht ein regelrechter „Wettbewerb der Destinationen", wobei globale Zielgebiete in zunehmender Konkurrenz zueinanderstehen.[55] Dies grundlegende Veränderung des touristischen Wettbewerbs im Zuge der Globalisierung hat die Angleichung der touristischen Produkte zur Folge, wodurch Destinationen immer mehr gezwungen sind, sich neue Differenzierungspotenziale zu suchen. Gleichzeitig erweitern sich mit der Mobilitätssteigerung und dem Trend zu multioptionalen Angeboten die durch den Gast genutzten Destinationsräume. Die verbessere Mobilität hat somit nicht nur einen verstärkten Wettbewerb zwischen touristischen Unternehmen, sondern auch den zwischen Destinationen zur Folge.[56] Die uneingeschränkte Mobilitätsmöglichkeit sorgt ebenso dafür, dass etwa europäische Reiseziele nicht mehr nur mit weit entfernten Zielen wie den USA und dem Fernen Osten konkurrieren, sondern auch in einem verstärkten Wettbewerb untereinander stehen.[57]

2.4 Abbau von Handels- und Marktbarrieren

Ein weiterer Faktor, der den Wettbewerb zwischen touristischen Akteuren verstärkt, ist der Abbau von Handels- und Marktbarrieren. Im Tourismus zeigt sich die globale Entwicklung deutlich in der Internationalisierung von Dienstleistungen und dem Wachstum von grenzüberschreitenden Reisen. Im Zug der Globalisierung spricht man auch von einer Internationalisierung der Märkte.[58] Die Höhe der Markteintrittsbarrieren hängt wesentlich mit der Wahrscheinlichkeit, dass sich neue Wettbewerber auf einen

---

[51] Vgl. Freyer (2015), S. 363f.
[52] Vgl. Lohmann/Zanger (2016), S. 17.
[53] Vgl. Thilo (2017), S. 13.
[54] Vgl. Thilo (2017), S. 1.
[55] Vgl. Freyer (2015), S. 21.
[56] Vgl. Boksberger/Schuckert (2011), S. 213.
[57] Vgl. Hildebrandt/Korte/Erdogan (2016), S. 73.
[58] Vgl. Augsbach (2020), S. 3f.

Markt drängen, zusammen.[59] Hemmnisse, die dafür sorgen, dass Konkurrenten, welche eigentlich am Markt ausscheiden wollen, dort verbleiben, werden Marktaustrittsbarrieren genannt. Ein Abbau solcher Marktbarrieren sorgt also folglich für eine größere Anzahl an Konkurrenten am Markt und verstärkt somit den Wettbewerb.[60]

2.5 Neue Anbieter und Angebotsmodelle

Auf dem touristischen Markt zeigen sich vermehrt neue Angebotsmodelle und Anbieter wie etwa Peer-to-Peer-Businessmodelle (Peer = Gleichgestellter, Ebenbürtiger) oder auch destinationsähnliche Produkte. Diese drängen sich auf den Markt und bieten Alternativen zu den herkömmlichen Beherbergungsformen und Destinationen an.[61] Onlineportale gewinnen im Zuge dessen immer mehr an Bedeutung gegenüber stationären Reisebüros.[62] Viele Reisende möchte heutzutage individuelle und persönliche Erlebnisse haben, weshalb immer mehr auf Plattformen wie z. B. AirBnB zurückgreifen, um bei Einheimischen zu Hause ihren Urlaub zu verbringen. Durch Tipps von Insidern (Einheimischen) und einzigartige Übernachtungserlebnisse grenzen sich solche Peer-to-Peer-Modelle von herkömmlichen Hotels ab.[63] AirBnB ist und wird voraussichtlich auch in Zukunft Weltmarktführer im Bereich der kommerziellen Plattformen sein und entwickelt sich so immer mehr zu einem Touristikdienstleister. Anhand dieses Beispiels zeigt sich der starke Markteinfluss auf die Tourismusbranche, wodurch sich der Wettbewerb um Marktanteile weiter verstärkt.[64] Destinationen befinden sich zudem immer mehr in einem durch Zeit-, Kosten- und Qualitätsdruck gekennzeichneten Wettbewerb, der sich immer weiter verstärkt.[65] Grund hierfür ist die zunehmende Entstehung von destinationsähnlichen Produkten wie etwa Themenparks oder auch Kreuzfahrtschiffe.[66] Solche „Kopien" bzw. „Künstliche Erlebniswelten" stoßen als Gegentrend zu authentischen Angeboten auf immer mehr Zuspruch. Authentische Angebote werden verbunden mit Qualität, Natürlichkeit, Gesundheit oder auch kultureller Einzigartigkeit und gewinnen als Trend ebenfalls immer mehr an Bedeutung.[67] Destinationsähnliche Produkte sind im Gegenzug oftmals nicht standortgebunden und

---

[59] Vgl. Nieschlag/Dichtl/Hörschgen (2002), S. 94.
[60] Vgl. Schröder (o. J.), https://konkurrenzanalyse.net/.
[61] Vgl. Raich (2015a), S. 22.
[62] Vgl. Hildebrandt/Korte/Erdogan (2016), S. 71.
[63] Vgl. Amersdorffer et al. (2012), S. 6.
[64] Vgl. Behrendt et al. (2017), S. 48f.
[65] Vgl. Becher (2007), S. 1.
[66] Vgl. Becher (2007), S. 26.
[67] Vgl. Bieger/Laesser (2009), S. 18.

befriedigen gleichzeitig Bedürfnisse nach Komfort, Gesundheit oder auch Zeiteffizienz.[68]

2.6 Die Herausforderungen eines verstärkten globalen Wettbewerbs

Im Zuge des verstärkten globalen Wettbewerbs im Tourismus, hervorgerufen durch die oben beschriebenen Entwicklungen, ergeben sich einige neue Herausforderungen.

Die kontinuierliche Qualifizierung und Professionalisierung aller Beschäftigten in den Bereichen touristischer Dienstleistungen gewinnt aufgrund des immer stärker werdenden internationalen Wettbewerbs immer mehr an Bedeutung. Die Globalisierung sorgt gleichzeitig für einen vermehrten Einsatz neuer Informations- und Kommunikationstechnologien (IuK-Technologien), wodurch der globale Wettbewerb weiter verstärkt wird. Daraus ergeben sich Konsequenzen wie etwa die Einsparung von Arbeitskräften sowie Verdrängungs- und Verteilungskämpfe auf dem Markt. Die Tourismuswirtschaft muss sich dieser Entwicklung anpassen, um den Anschluss nicht zu verlieren.[69] Die Ansprüche der Nachfrager wachsen ebenso, was zusätzliche Anpassungen im Bereich des Angebots und des Marketings mit sich zieht.

Am Beispiel des Luftverkehrs lassen sich weitere Herausforderungen, die mit einem verstärkten globalen Wettbewerb verbunden sind, erkennen. Die Globalisierung eröffnet in Folge der Liberalisierung des Luftverkehrs die Möglichkeit, in neue Märkte vorzudringen. Dadurch entstehen global agierende Luftverkehrsunternehmen, wodurch das Angebot weiter globalisiert wird und durch den verschärften Wettbewerb die Preise weiter sinken.[70] Der hohe Preisdruck stellt so eine weitere Herausforderung dar und lässt sich auch auf den intensiven Wettbewerb zurückführen.[71] Die Entwicklung der Einnahmen von vielen touristischen Betrieben wird dadurch negativ beeinflusst. Grund für den hohen Preisdruck sind unter anderem das Buchungsverhalten der Nachfrager oder auch Überkapazitäten im touristischen Angebot.[72]

Gesättigte Märkte, eine gestiegene Markttransparenz, verbesserte Mobilität, der Abbau von Handels- und Marktbarrieren sowie neue Anbieter und Angebotsmodelle verstärken somit gerade vor der Hintergrund der Globalisierung den Wettbewerb im Tourismus und sorgen so für neue Herausforderungen für touristische Akteure.

---

[68] Vgl. Raich (2015a), S. 23.
[69] Vgl. Petermann (1999), S. 163 – 167.
[70] Vgl. Petermann (1999), S. 15 – 16.
[71] Vgl. Horbel (2008), S. 1.
[72] Vgl. Raich (2015a), S. 26.

Aufgabe A3 – Reisemotive im Wandel der Zeit

In der ersten Hälfte des 19. Jahrhunderts, im Zeitalter der Industrialisierung, arbeiteten die Menschen zwischen 16 und 18 Stunden am Tag und auch an den Wochenenden, weshalb für den Großteil der Bevölkerung Urlaub und Freizeit keinen wesentlichen Lebensinhalt darstellten. Freizeit war zu dieser Zeit nur einem kleinen Teil, nämlich der Oberschicht, vorbehalten.[73] Es gibt den Tourismus, wie wir ihn heutzutage kennen, noch nicht sehr lange, jedoch verfügt er über einige ältere Wurzeln.[74] Die Motive des Reisens und auch das Reiseverhalten befinden sich hierbei in einem ständigen Wandel. Individuelle Bedürfnisse und Motive sowie Persönlichkeitsmerkmale der Reisenden reichen alleine nicht aus, um das Reisen zu erklären oder zu entschlüsseln. Vielmehr spielen auch Zuschreibung und Positionierung der besuchten Orte und Objekte eine wesentliche Rolle. Aber auch andere Anwesende, Informationen und Antizipationen nehmen Einfluss auf das Reisen.[75] Es gibt somit verschiedene Aspekte in Bezug auf die

Epoche	Zeit	Transportmittel	Motivation	Teilnehmer
Vorphase	bis ca. 1850	Zu Fuß, Pferd, Kutsche, Schiff	Pilgerreise, Kriegszüge, Nomaden, Geschäfte, Entdeckung, Bildung	Oberschicht: Adel, Gebildete, Geschäftsleute
Anfangsphase	1850 – 1914	Im Inland: Bahn Im Ausland: Dampfschiff	Erholung	neue Mittelklasse
Entwicklungsphase	1915 – 1945	Bahn, Auto, Bus, Linienflug	Erholung, Kommerz	Wohlhabende, Arbeiter (KdF)
Hochphase	ab 1945	Auto, Charterflug	Erholung, Freizeit	alle Schichten (der Industrieländer)

Tabelle 1: Epochen des Tourismus
(Quelle: Eigene Darstellung in Anlehnung an Freyer (2015), S. 11)

Entwicklung des Reisens, wobei sich in Europa vier Epochen des Reisens unterscheiden lassen. Jede dieser Epochen wurde jeweils geprägt durch Unterschiede in der Wahl des

---

[73] Vgl. Kreisel (2007), S. 74.
[74] Vgl. Freyer (2015), S. 10.
[75] Vgl. Kolland (2006), S. 248.

Transportmittels, in der Reismotivation und in der Teilnehmerzahl- und -schicht (siehe Tabelle 1).[76] In den folgenden Kapiteln wird nun auf die einzelnen Epochen des Tourismus näher eingegangen. Hierbei liegt der Fokus auf den Reisemotiven, die in der jeweiligen Epoche herrschten und deren Wandel im Laufe der Zeit. Zuvor werden allerdings noch kurz einige Faktoren erklärt, die Einfluss auf die Reisemotive und das Reiseverhalten der Menschen haben. Es handelt sich dabei um einen deskriptiven Ansatz, welcher erklären soll, warum Menschen reisen und was sie dazu veranlasst, ihren normalen Lebensraum für eine bestimmte Zeit zu verlassen. Bei diesem Ansatz werden Reisemotive auf deskriptiver Ebene untersucht, wobei die Motive sowohl bewusst als auch unbewusst sein können.[77] Ökonomische, gesellschaftliche, ökologische und technologische Triebkräfte beeinflussen die Stärke der Reisemotive und das Reiseverhalten, indem sie bestimmte Nachfragetrends hervorrufen.[78] Beim Push-and-Pull-Modell wird zwischen Schubfaktoren (Push) und Zugeffekten (Pull) unterschieden. Push-Faktoren stellen dabei das Bedürfnis nach Erholung und Abwechslung dar. Sie bedeuten, dass die Bedürfnisse eines Menschen im Alltag nicht oder nur unzureichend befriedigt werden und sich dieser daraufhin die Befriedigung woanders sucht. Im Gegensatz dazu beeinflussen die Pull-Faktoren, wohin jemand reisen möchte, indem sie Einfluss von außen nehmen. Somit meint „Pull", dass Attraktionen, die an anderen Orten zu finden sind, die unerfüllten Bedürfnisse befriedigen können.[79] Push- Faktoren sind somit z. B. die Flucht aus dem Alltag, Entspannung, Prestige oder auch die Steigerung von familiären Bindungen, womit es sich bei solchen Schubfaktoren in der Regel um persönliche Beweggründe handelt. Beispiele für Pull-Faktoren, die Merkmale der Destination darstellen, sind hingegen ein langsameres Zeitmaß, Sonnenschein oder freundliche Einheimische.[80] Welcher der Faktoren, ob Push- oder Pull-Faktor, beim Prozess der Entscheidung für eine Reise zuerst wirken, kann allerdings nicht gesagt werden.[81] Allerdings tragen beide zur Erhöhung der Motivation bei.[82]

3.1 Vorphase

Die Vorphase des Tourismus fand bis ca. 1850 statt und begann bereits bei den Phöniziern

---

[76] Vgl. Freyer (2015), S. 11.
[77] Vgl. Kolland (2006), S. 259f.
[78] Vgl. Raich (2015b), S. 12.
[79] Vgl. Kolland (2006), S. 260.
[80] Vgl. Österreicher (2012), S. 26.
[81] Vgl. Kolland (2006), S. 260.
[82] Vgl. Österreicher (2012), S. 26.

und Römern in Form von ausgedehnten Handelsreisen. In der Antike fanden dann Reisen zur Bildung oder zu Heilquellen statt und ab dem 11. Jahrhundert reisten Vagabunden, Minnesänger und Troubadoure. Es folgten Wallfahrten, Pilgerreisen und Kreuzzüge sowie Raubzüge und Kriege. Betrachtet man die Motive der damaligen Reisenden, erkennt man, dass Reisen zu dieser Zeit kein Selbstzweck waren, sondern lediglich Mittel zum Zweck und damit zwar notwendig, aber dennoch beschwerlich.[83] Militärische Heereszüge wurden mit dem Motiv der geopolitischen Expansion und der Verbreitung der europäischen Kultur betrieben. Zwingende berufliche oder religiöse Gründe waren Reisemotive im Mittelalter und im mit dem 15. Jahrhundert kamen Entdeckungsreisen hinzu. In diesem Zuge kam es zu Handelsreisen der Kaufleute aufgrund der Entwicklung der Städte und des Handels.[84] Reisen in der Vorphase fanden entweder zu Fuß, zu Pferd, mit der Kutsche oder auch mit dem Schiff statt. Die Reisemotive zu dieser Zeit waren somit Handel und Geschäft, Bildung, Religion, Entdeckungs- und Eroberungsdrang sowie Forschungsinteressen. Im 17. und 18. Jahrhundert kam es schließlich zu Reisen junger Adliger, die nicht mehr allein mit der Motivation zur Bildung reisten, sondern auch aus Vergnügen. Um sich vor ihrem Start ins Berufsleben mit fremden Kulturen vertraut zu machen, unternahmen sie im Anschluss an ihre Ausbildung die „Grand Tour", welche sie durch mehrere Länder führte.[85] Populäre Orte zu dieser Zeit waren z. B. Rom, Venedig, Wien, Florenz, Nizza oder Paris.[86] Das hauptsächliche Reisemotiv war somit das Kennenlernen von Land und Leuten und die Reise war zum ersten Mal zum Selbstzweck, wodurch die Grand Tour auch als Frühform des Tourismus betrachtet werden kann.[87] Auch das Bürgertum kam im 18. Jahrhundert immer mehr mit dem Reisen in Berührung und gegen Ende des Jahrhunderts entstanden als neue Reisemotive die Natursehnsucht und landschaftliche Idylle, was durch die Romantik noch weiter fortgesetzt wurde.[88] Die Gesundheit gewann schließlich im 18. und 19. Jahrhundert mehr an Bedeutung und wurde immer mehr zu einem Reisemotiv.[89]

3.2 Anfangsphase

Im 19. Jahrhundert genügten schließlich nicht mehr die bisherigen Reiseziele und es

---

[83] Vgl. Freyer (2015), S. 12.
[84] Vgl. Kolland (2006), S. 248f.
[85] Vgl. Freyer (2015), S. 12ff.
[86] Vgl. Kaufmann/Hilt (2019), https://www.planet-wissen.de/.
[87] Vgl. Berktold-Fackler/Krumbholz (1997), S. 18.
[88] Vgl. Kreisel (2007), S. 77.
[89] Vgl. Freyer (2015), S. 14.

etablierten sich immer mehr Vergnügungs- und Erholungsreisen zu immer ausgefalleneren Zielen.[90] Die Anfangsphase des neuzeitlichen Tourismus erstreckt sich von 1850 bis 1914 und ist besonders durch den Ausbau des Post- und Nachrichtenwesen, der Entwicklung und Verbesserung des europäischen Verkehrswesens und dem höheren Wohlstand durch die Industrialisierung geprägt. Straßen wurden ausgebaut, um das Liniennetz der Post zu unterstützen und es kam zur Erfindung der Eisenbahn und des Dampfschiffs. Dadurch war es den Menschen möglich, Orte in kürzester Zeit zu erreichen. Gleichzeitig wurden so Reisekosten gesenkt und Transportkapazitäten erhöht. Die Industrialisierung sorgte für höheren Wohlstand, wodurch erstmals Urlaub gewährt wurde.[91] Im späten 19. Jahrhundert liegt die Anfangsphase des Ferntourismus, der durch den wachsenden Wohlstand möglich wurde. Reisemotive dieser Zeit bestanden in der Erweiterung von Bildung und Wissen, das Interesse an Neuen und Fremden und die Selbstdisziplinierung. Unternehmer, Angestellte und Lehrer unternahmen von dort an nun auch verstärkt Reisen. In erster Linie hatten solche Reisen eine Prestigefunktion, jedoch suchten die Menschen auch immer mehr Lebensqualität in der Freizeit.[92] In Deutschland entwickelte sich im Gegensatz zu Großbritannien der Tourismus eher später, wobei sich eine typische Reiseform herausgebildet hatte: die Sommerfrische. Meist mit der Bahn reisten die Menschen immer an den gleichen Ort und in die gleiche Unterkunft, die nicht weit von der Stadtwohnung entfernt war.[93]

3.3 Entwicklungsphase

Die Entwicklungsphase des Tourismus erstreckt sich von 1915 bis 1945 und ist stark geprägt vom 1. Weltkrieg, was sich insbesondere in der veränderten sozialen Zusammensetzung der Reisenden zeigt.[94] Eine sich wandelnde Nachfragestruktur und finanzielle Probleme der Fremdenverkehreinrichtungen durch ein vorübergehendes Versiegen der Touristenströme sorgten dafür, dass sich die vermögenden Bevölkerungsschichten verkleinerten und sich eine neue Bevölkerungsschicht nach dem Weltkrieg etablierte.[95] Die Sommerfrische passte sich dann nach diesen Krisenjahren der neuen Situation an und wurde so zum einfachen, gesunden und ökonomischen

---

[90] Vgl. Kaufmann/Hilt (2019), https://www.planet-wissen.de/.
[91] Vgl. Freyer (2015), S. 14.
[92] Vgl. Kolland (2006), S. 252f.
[93] Vgl. Freyer (2015), S. 15f.
[94] Vgl. Kolland (2006), S. 255.
[95] Vgl. Freyer (2015), S. 16.

Erholungsurlaub.[96] Zu dieser Zeit reisten vorwiegend gehobene und mittlere Angestellte und ab den späten 1920er-Jahren auch kleinere Angestellte und Arbeiter. Die Reisemotive in der Zeit der Entwicklungsphase des Tourismus waren in erster Linie Erholung, Kommerz und Kur.[97] Das wohlhabende Bürgertum in etwa verbrachte zu Beginn des 20. Jahrhunderts ein bis zwei Wochen in der Sommerfrische.[98] Der Nationalsozialismus sorgte schließlich für neue Formen des Reisens, bei denen die nationalsozialistische Organisation Kraft durch Freude (KdF) die Urlaubs- und Freizeitgestaltung organisierte. Wanderungen, Zugreisen und Kreuzfahrten waren die Formen des Reisens, welche vom Staat organisiert und zu niedrigen Preisen angeboten wurden.[99] Die Förderung durch den Staat fand hierbei aus politisch-ideologischen Gründen statt.[100] Es kam in Folge der hohen Auslastung von Transport- und Beherbergungskapazitäten zu einem Reiseboom zwischen 1934 (2,3 Mio. Reisen) bis 1938 (10,3 Mio. Reisen). Allerdings kam es zu einem erneuten Einbruch mit Beginn des Zweiten Weltkrieges.[101]

3.4 Hochphase

Nach dem Zweiten Weltkrieg hatten die Menschen Lust auf Urlaub, obwohl Europa in Trümmern lag. Allerdings konnte sich der Großteil zu dieser Zeit keine Reise leisten, da sie mit anderen Dingen wie Lebensmittel- und Wohnungsknappheit zu kämpfen hatten. Die Menschen wurden in dieser Zeit jedoch auch weltoffener und aufgeschlossener für Neues und Ablenkung.[102] Zu signifikanten Veränderungen kam es allerdings erst in der zweiten Hälfte der 1950er-Jahre, da ansonsten das Reisen nach dem Zweiten Weltkrieg eher langsam wiederaufgenommen wurde. Ein Großteil der Deutschen gab bereits 1955 an, dass die Urlaubsreise zu einer sozialen Norm geworden sei und somit für sie keinen Luxus mehr darstellt. Allerdings entsprach das herrschende Reiseverhalten nicht diesen Aussagen. Der industriell organisierte Massentourismus entstand schließlich um 1960 aufgrund der sozialen und räumlichen Ausdehnung des Tourismus.[103] Verantwortlich für diese Hochphase war insbesondere der wirtschaftliche Wiederaufschwung, welcher ein höheres Einkommen, mehr Freizeit und auch entwickelte Kommunikations- und

---

[96] Vgl. Ueli (2010), http://ieg-ego.eu/de.
[97] Vgl. Freyer (2015), S. 11 – 16.
[98] Vgl. Kaufmann/Hilt (2019), https://www.planet-wissen.de/.
[99] Vgl. Freyer (2015), S. 11 – 16.
[100] Vgl. Kolland (2006), S. 256.
[101] Vgl. Freyer (2015), S. 16.
[102] Vgl. Tenbusch (2016), https://www.welt.de/.
[103] Vgl. Kolland (2006), S. 256f.

Transportmittel mit sich brachte.[104] Man sprach dabei auch von der „Demokratisierung des Reisens", die das Reisen für die breiteren Bevölkerungskreise ermöglichte. Die meisten Reisen fanden zunächst hauptsächlich in Europa statt und nur wenige reisten auch weiter ins Ausland. Die neue Intensität des Reisens überschattete die ursprünglichen romantischen Ideen der unberührten Ferne und sorgten so zunehmend für einen standardisierten touristischen Blick. Dies änderte sich mit der postmodernen Gesellschaft 1980, welche neue touristische Wahrnehmungsmuster hervorgerufen hat. Die Grenzen zwischen verschiedenen kulturellen Formen wie Tourismus, Kunst, Bildung, Fotografie, Sport oder Shopping verschwimmen, wodurch neue vielfältige Reisemotive entstehen.[105] Gegen Ende des 20. Jahrhunderts ist der Tourismus schließlich zu einem wichtigen wirtschaftlichen und sozialen Faktor geworden und Menschen unternehmen regelmäßig Urlaubs- oder auch Geschäftsreisen.[106]

3.5 Reisemotive in der Gegenwart

Menschen reisen aufgrund der unterschiedlichsten Motive, wobei sich in Deutschland vier wesentliche Motive benennen lassen. Viele Reisende nutzen die Urlaubsreise etwa um sich zu erholen, zu entspannen und Ruhe zu finden. Für sie bietet die Reise die Möglichkeit, sich auszuruhen und die sonst herrschende Hektik zu vergessen. Gleichzeitig bietet die Reise eine Veränderung gegenüber dem Gewohnten und befriedigt damit das Bedürfnis nach Abwechslung und Ausgleich. Ein weiteres Motiv stellt die Befreiung von Pflichten dar. Viele Menschen reisen, damit sie ungezwungen sein können und keine Rücksicht auf andere nehmen müssen, sondern sie tun und lassen können, was sie möchten. Aber auch Fernweh, Neugierde und Erlebnisdrang sind wesentliche Motivationsfaktoren.[107] Zusätzlich kann zwischen zwei Motivationsbewegungen „Hin-zu" und „Weg-von" Reisen unterschieden werden. „Weg-von" Reisende suchen die Flucht aus dem Alltag, um sich ihre Wünsche und Träume zu erfüllen und dabei gesellschaftliche Zwänge vergessen zu können. Der „Hin-zu" Reisende sucht sich ein konkretes Reiseziel, da er Interesse und Freude anderen Menschen und Ländern hat und diese aktiv kennenlernen möchte.[108] Heutzutage gibt es nahezu keine Grenzen, was die Möglichkeiten des Reisens betrifft. Gefragt sind sowohl Extremurlaube,

---

[104] Vgl. Freyer (2015), S. 17.
[105] Vgl. Kolland (2006), S. 257f.
[106] Vgl. Freyer (2015), S. 19.
[107] Vgl. Braun (1993), S. 199f.
[108] Vgl. Baláš (2010), S. 15.

Gesundheitsreisen oder einfach reine Erholungsurlaube.[109] Die jeweiligen Reisemotive werden dabei von verschiedenen Faktoren wie der Persönlichkeitsentfaltung, dem sozialen Status oder auch Lebensstil, der Erlebnissuche, der physischen Veränderung (z. B. Gesundheit) und den emotionalen Bedürfnissen (z. B. Abenteuer, Romantik, Religion) bestimmt.[110]

3.6 Handlungsempfehlungen für Beherbergungsbetriebe

Es hat sich gezeigt, dass die Reisemotive über die Zeit hinweg relativ stabil geblieben sind und sich in den letzten Jahren nur wenig in ihrem Inhalt und ihrer Reihenfolge verändert haben.[111] Es lässt sich jedoch erkennen, dass insbesondere gestiegener Wohlstand und technologische Entwicklungen in der Geschichte des Reisens Veränderungen im Reiseverhalten der Menschen bewirkt haben. Der Tourismus und in diesem Zusammenhang auch die Reisemotive der Menschen entwickeln sich immer weiter und werden auch in Zukunft vor neuen Herausforderungen stehen. Diese bestehen unter anderem in einem verstärkten Verdrängungswettbewerb, neuen Technologien, Unsicherheiten und Strukturbrüchen oder auch in der Etablierung neuer Reiseziele- und -formen.[112] Im Zuge dessen wird eine Veränderung im Reiseverhalten der Touristen entstehen. Gerade in Bezug auf das Thema Nachhaltigkeit müssen Beherbergungsbetriebe zukünftig neu denken,[113] da der Trend zu einem nachhaltigen Dasein immer stärker wird.[114] Trotzdem werden auch in Zukunft die wesentliche Reisemotive wie Erholung, Abenteuerlust und Gesundheit bestehen bleiben. Schubfaktoren, die solche Reisemotive wesentlich beeinflussen, können von Beherbergungsbetrieben nur schwer genutzt werden. Jedoch können sie sich an den Entwicklungen der Vergangenheit orientieren, um so auf die Reisemotive der Zukunft zu schließen. Durch Pull-Faktoren, die von außen auf die Reisenden einwirken, können Beherbergungsbetriebe jedoch beeinflussen, wohin jemand Reisen möchte.

---

[109] Vgl. Kaufmann/Hilt (2019), https://www.planet-wissen.de/.
[110] Vgl. Kolland (2006), S. 260.
[111] Vgl. Österreicher (2012), S. 23.
[112] Vgl. Freyer (2015), S. 18.
[113] Vgl. Bronewski (2019), https://www.welt.de/.
[114] Vgl. Augsbach (2020), S. VIII.

Literatur- und Quellenverzeichnis

Amersdorffer, D./Basic, R./Bauhuber, F./Buller, M./Conrady, R./Einfinger, M./Faber, M./Föste, D./Heuer, F./Kaestner, K./Kurth, A./Manelshagen, J./Oellrich, J./Ognibeni, B./Eichsteller, H./Promny, T./Puch, A./Sarcar, R./Scheerer, B./Schulze zur Wiesch, S./Schütrnupf, T./Sievers, J./Sander, F./Stickdorn, M./Summa, L. (2012), Impulse4Travel. Manifest zur Zukunft des Tourismus in einer digitalen Gesellschaft, https://www.impulse4travel.de/impulse4travel-2012-themen-trends/, (29.04.2021).

Augsbach, G. (2020), Tourismus und Nachhaltigkeit. Die Zukunftsfähigkeit des Tourismus im 21. Jahrhundert, Wiesbaden.

Baláš, M. (2010), Erfolgsfaktoren für Destinationsentwicklungsprozesse in Deutschland – untersucht am Beispiel Sächsisches Burgenland, Masterarbeit, Eberswalde.

Becher, M. (2007), Entwicklung eines Kennzahlensystems zur Vermarktung touristischer Destinationen, 1. Auflage, Wiesbaden.

Behrendt, S./Henseling, C./Flick, C./Ludmann, S./Scholl, G. (2017), Zukünfte des Peer-to-Peer Sharing. Diskurse, Schlüsselfaktoren und Szenarien, PeerSharing Arbeitsbericht 5, https://www.peer-sharing.de/data/peersharing/user_upload/Dateien/PeerSharing_AP_5.pdf, (29.04.2021).

Berktold-Frackler, F./Krumbholz, H. (1997), Reisen in Deutschland: Eine Kleine Tourismusgeschichte, München.

Bieger, T./Laesser, C. (2009), Tourismustrends – zwischen Nachfragesog und Angebotsdruck, Schweizer Jahrbuch für Tourismus, S. 13 – 34.

Boksberger, P./Schuckert, M. (2011), Innovationen in Tourismus und Freizeit. Hypes, Trends und Entwicklungen, Berlin.

bpb (Bundeszentrale für politische Bildung) (2016), Marktransparenz, https://www.bpb.de/nachschlagen/lexika/lexikon-der-wirtschaft/20086/markttransparenz, (26.04.2021).

Braun, O.-L. (1993), (Urlaubs-)Reisemotive. In: Hahn, H./Kagelmann, H.-J. (Hrsg.), Tourismusphsychologie und Tourismussoziologie. Ein Handbuch zur Tourismuswirtschaft, München, S. 199 – 207.

Bronewski, von G. (2019), Kein Shampoo-Fläschchen, kein WLAN, dafür Roboter und Wald, https://www.welt.de/icon/unterwegs/article190104539/Reisetrends-Wie-die-Zukunft-des-Reisens-aussieht.html, (04.05.2021).

Bruhn, M. (2019), Marketing: Grundlagen für Studium und Praxis, 14., überarbeitete Auflage, Wiesbaden.

Duncker, C./Schütte, L. (2018), Trendbasiertes Innovationsmanagement. Ein Modell für markenbasiertes Produktmanagement, Wiesbaden.

Eisenstein, B. (2020), Einführung. In: Schulz, A./Eisenstein, B./Gardini, M.-A./Kirstges, T.-H./Berg, W. (Hrsg.), Grundlagen des Tourismus, 3., vollständig überarbeitete und ergänzte Auflage, Berlin/Boston, S. 1 – 72.

Freyer, W (2015), Tourismus. Einführung in die Fremdenverkehrsökonomie, 11., überabeitete und ergänzte Auflage, Berlin/München/Boston.

Henke, A. (2015), Wachstum in gesättigten Märkten. Wie sie verborgene Potenziale erkennen und in Erträge verwandeln, Wiesbaden.

Hildebrandt, S./Korte, D./Erdogan, A.-R. (2016), Destinationsmarketing 2.0 – Live-Kommunikation als Fundament contentorientierter Marketingstrategien für Tourismusdestinationen – ein Praxisbeispiel. In: Zahner, C. (Hrsg.), Events und Tourismus. Stand und Perspektiven der Eventforschung, Wiesbaden, S. 63 – 90.

Horbel, C. (2008), Weiterempfehlungen im Tourismus. Eine Analyse einflussreicher Empfehlungsgeber touristischer Destinationen, 1. Auflage, Wiesbaden.

Kaufmann, S./Hilt, K. (2019), Tourismus. Geschichte des Reisens, https://www.planet-wissen.de/gesellschaft/tourismus/geschichte_des_reisens/index.html, (03.05.2021).

Kolland, F. (2006), Tourismus im gesellschaftlichen Wandel: Entwicklungslinien und Erklärungsversuche. In: SWS-Rundschau, 46. Jahrgang, Heft 3/2006, S. 245 – 270.

Kreisel, W. (2007), Trends in der Entwicklung von Freizeit und Tourismus. In: Becker, C./Hopfinger, H./Steinecke, A. (Hrsg.), Geographie der Freizeit und des Tourismus. Bilanz und Ausblick, 3., unveränderte Auflage, München, S. 74 – 85.

Lohmann, K./Zanger, C. (2016), Synergien von Eventmarketing und Tourismus – Eine erlebnisorientierte Betrachtung am Beispiel der Weintourismusregion Napa Valley. In: Zanger, C. (Hrsg.), Events und Tourismus. Stand und Perspektiven der Eventforschung, Wiesbaden, S. 2 – 29.

Marzinzik, T. (2011), Strategien in gesättigten Märkten, Hamburg.

Nieschlag, R./Dichtl, E./Hörschgen, H. (2002), Marketing, 19., überarbeitete und ergänzte Auflage, Berlin.

Österreicher, P. (2012), Motivationsanalyse von Großstadttouristen: Eine explorative Q-Sort Studie, Wien.

Petermann, T. (1999), Folgen des Tourismus, Studien des Büros für Technikfolgen – Abschätzung beim Deutschen Bundestag, Band 2: Tourismuspolitik im Zeitalter der Globalisierung, https://www.tab-beim-bundestag.de/de/pdf/publikationen/buecher/petermann-1999-059.pdf, (29.04.2021).

Petermann, T./Revermann, C./Scherz, C., Zukunftstrends im Tourismus, TAB (Büro für Technikfolgen-Abschätzung beim Deutschen Bundestag, Arbeitsbericht Nr. 101. Im Internet aktualisiert am 30.04.2019, https://www.tab-beim-bundestag.de/de/pdf/publikationen/berichte/TAB-Arbeitsbericht-ab101.pdf, (20.04.2021).

Pfadenhauer, M. (2004), Wie forschen Trendforscher? Zur Wissensproduktion in einer umstrittenen Branche. In: Forum Qualitative Sozialforschung/ Forum: Qualitative Social Research, 5(2), online abrufbar unter: https://www.qualitative-research.net/index.php/fqs/article/view/602/1306, (25.04.2021).

Piekenbrock, D. (2018), Markttransparenz, https://wirtschaftslexikon.gabler.de/definition/markttransparenz-40872/version-264248, (26.04.2021).

Pleissner, U. (2007), Wachstum in gesättigten Märkten, https://managementportal.de/Management/Wachstum_gesaettigte_Maerkte.htm, (25.04.2021).

Pradel, M./Aretz, W. (2008), Trend- und Zukunftsforschung. In: Pepels, W. (Hrsg.), Marktforschung: Organisation und praktische Anwendung, 2., überarbeitete und erweiterte Auflage, Düsseldorf, S. 227 – 260.

Raich, F. (2014), Triebkräfte der Tourismusentwicklung, 1. Auflage, Studienbrief der SRH Fernhochschule, Riedlingen.

Raich, F. (2015a), Ausgewählte Angebotstrends in Tourismus und Hotellerie, 2. Auflage, Studienbrief der SRH Fernhochschule, Riedlingen.

Raich, F. (2015b), Ausgewählte Nachfragetrends in Tourismus und Hotellerie, 2. Auflage, Studienbrief der SRH Fernhochschule, Riedlingen.

Romer, D./Boksberger, P. (2011), „Case Study": Partizipative Entwicklung eines destinationsübergreifendes Qualitätsmanagementkonzepts. In: Boksberger, P./Schuckert, M. (Hrsg.), Innovationen in Tourismus und Freizeit: Hypes, Trends und Entwicklungen, Berlin, S. 213 – 228.

Schröder, A. (o. J.), Konkurrenzanalyse & Wettbewerbsanalyse. Markteintrittsbarrieren – alles was man wissen muß!, https://konkurrenzanalyse.net/markteintrittsbarrieren-alles-was-man-wissen-muss/, (26.04.2021).

Tenbusch, R. (2016), Als die Deutschen wieder lernten, wie Urlaub geht, https://www.welt.de/reise/article153896350/Als-die-Deutschen-wieder-lernten-wie-Urlaub-geht.html, (04.05.2021).

Thilo, I. (2017), Identitätsorientierte Markenführung im Tourismus. Entwicklung eines internen Markenführungsmodells für Destinationen, Wiesbaden.

Ueli, G. (2010), Geschichte des Tourismus: Strukturen auf dem Weg zur Moderne. In: Europäische Geschichte Online (EGO), herausgegeben vom Institut für Europäische Geschichte (IEG), Mainz, http://ieg-ego.eu/de/threads/europa-unterwegs/tourismus/ueli-gyr-geschichte-des-tourismus, (04.05.2021).

von Rohr, G. (2008), Trends im touristischen Nachfrageverhalten in ihrer Bedeutung für die Nord- und Ostseeküste. In: von Rohr, G. (Hrsg.), Nachhaltiger Tourismus an Nord- und Ostsee: Steuerungsnotwendigkeiten und -möglichkeiten der Landes- und Regionalplanung, Hannover, S. 18 – 27.

Weiskopf, V. (2017), Der Wandel vom Verkäufer- zum Käufermarkt – Wie der Markt unser Handeln bestimmt, https://www.cmf.de/blog/der-wandel-vom-verkaeufer-zum-kaeufermarkt-wie-der-markt-unser-handeln-bestimmt/?cn-reloaded=1, (25.04.2021).

Wicker, G. (2010), Der Ökologie-Megatrend in der Wirtschaft. Identifikation und zukünftige Entwicklung, Hamburg.

Winkelmann, K. (2019), Von Mensch zu Mensch. In: Wirtz, V./Schabbing, B./Crusius, B. (Hrsg.), Karriere im Tourismus und in der Eventwirtschaft. Wege zum Traumberuf, Wiesbaden, S. 95 – 102.

Zukunftsinstitut (o. J.), Zukunftsforschung, https://www.zukunftsinstitut.de/artikel/zukunftsforschung/, (21.04.2021).

BEI GRIN MACHT SICH IHR WISSEN BEZAHLT

- Wir veröffentlichen Ihre Hausarbeit,
  Bachelor- und Masterarbeit

- Ihr eigenes eBook und Buch -
  weltweit in allen wichtigen Shops

- Verdienen Sie an jedem Verkauf

Jetzt bei www.GRIN.com hochladen und kostenlos publizieren